C'est quoi, le courage ?

Copyright © Kelly Shuto, 2021

Tous droits réservés. Aucune partie de cette publication ne peut être reproduite, archivée, transmise sous quelque forme ou par quelque moyen sans la permission préalable de l'auteur.

ISBN 978-1-7773574-3-6 (French Paperback)
ISBN 978-1-7773574-4-3 (French Hardcover)
ISBN 978-1-7773574-5-0 (French Ebook)
ISBN 978-1-7773574-0-5 (English Paperback)
ISBN 978-1-7773574-1-2 (English Hardcover)
ISBN 978-1-7773574-2-9 (English Ebook)

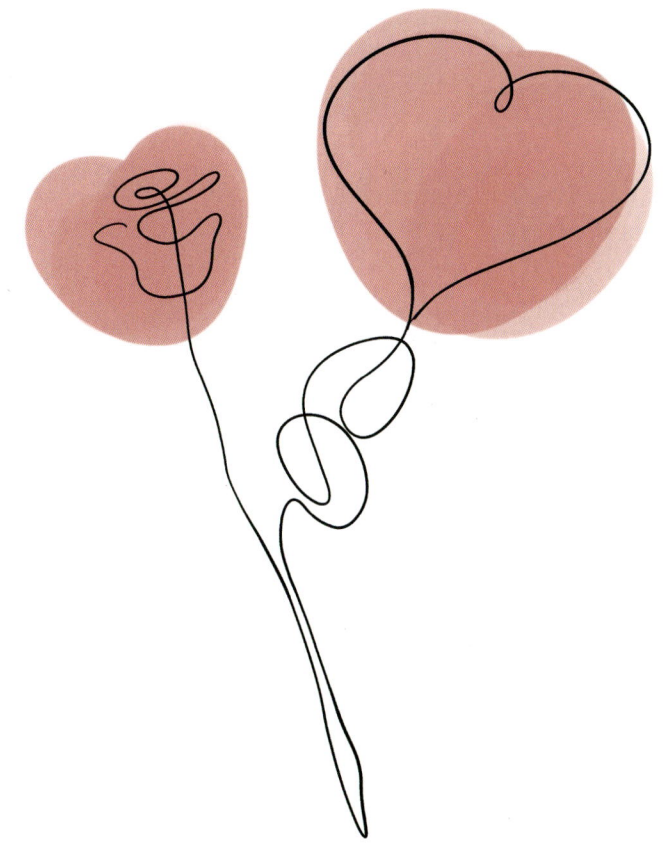

À ma grand-mère qui m'a aidé à trouver mon courage.

Être courageux, c'est escalader une montagne ?

Être courageux,

c'est sauter du plus

haut plongeoir ?

Être courageux ça se passe tous les jours.

Le courage n'est pas la même chose pour tout le monde.

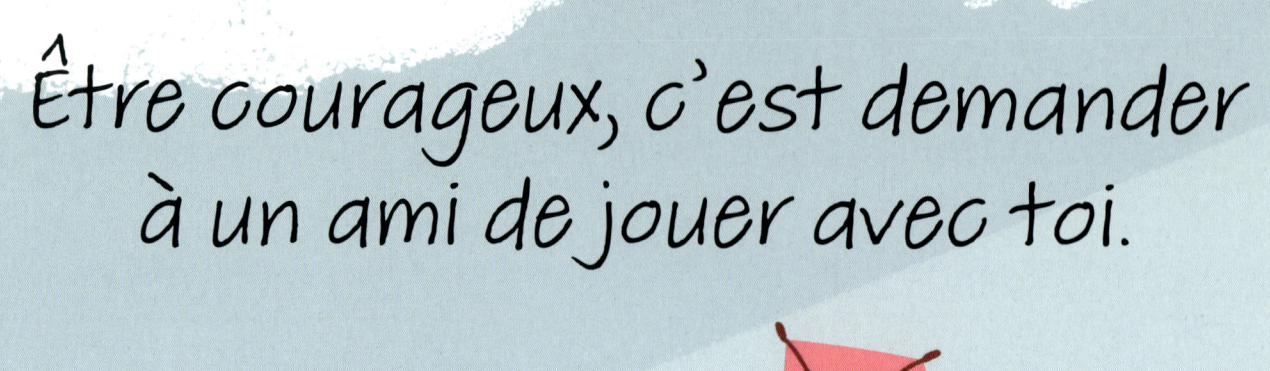

Être courageux, c'est demander à un ami de jouer avec toi.

Être courageux, c'est essayer de nouvelle nourriture.

Être courageux, c'est expliquer à ses amis qu'ils ont blessés tes sentiments et puis ce dont tu as besoin pour se sentir mieux.

Être courageux, c'est être fier de soi-même quand les choses ne se passent pas comme prévu.

Être courageux, c'est être gentil même quand les autres ne le sont pas.

Être courageux, c'est demander de l'aide quand tu en as besoin.

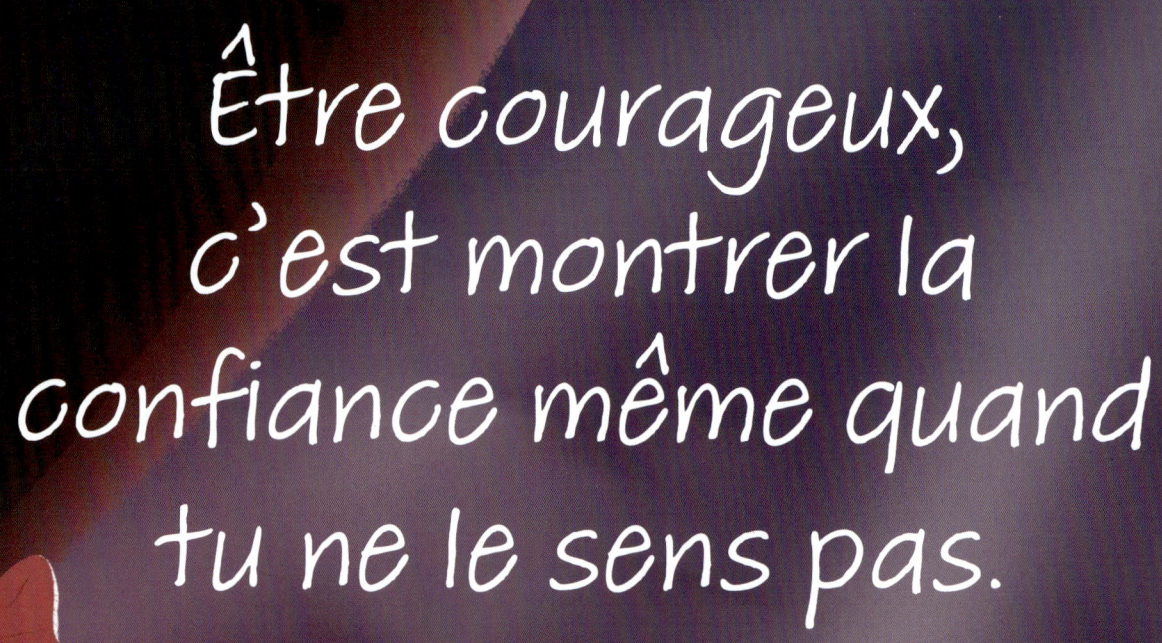

Être courageux, c'est montrer la confiance même quand tu ne le sens pas.

Il y a un coeur caché sur chaque page pour symboliser le courage. As-tu les tous trouvés?

À Propos de L'Auteur

Kelly Shuto est enseignante de maternelle sur la Côte Ouest de la Colombie-Britannique, au Canada.

L'inspiration pour ce livre était des observations d'enfants qui apprennent à se soutenir les uns les autres, à persévérer à travers les défis et à trouver leur courage dans des situations quotidiennes.

Kelly est une maman fière de ses deux garçons aventureux et actifs.

Elle aime passer du temps à explorer la nature, à rire avec ses amis et à voir ses enfants grandir.

Information Éducative

Idées pour encourager la pensée profonde sur le courage

Demandez aux enfants d'écrire et d'illustrer leur propre page au sujet du courage.

En utilisant le bric à brac, demander aux enfants de raconter une histoire de quand ils ont été courageux. Ils peuvent aussi partager leurs histoires avec la classe.

Chaque page contient un coeur caché pour représenter le courage. Demandez aux élèves de dessiner, d'écrire ou d'expliquer un symbole qui représente le courage pour eux.

Examinez chaque page une à la fois et discutez des sens des mots et aussi des illustrations.

Utilisez les questions de discussion pour encourager une réflexion profonde et des liens avec le concept du courage.

Les questions de discussion

Quand as-tu été courageux?

Quels liens as-tu fait avec ce livre?

Nommez un lien que tu as fait avec les personnages, tes amies ou ta famille?

Nommez une façon dont tu peux reconnaître, soutenir et célébrer le courage des autres?

Pourquoi le courage signifie-t-il différentes choses pour des différentes personnes?

Nommez un lien entre la persévérance et le courage?

Nommez un lien entre la confiance et le courage?

Qu'est-ce que le courage signifie pour vous?

Pourquoi y a-t-il un coeur sur chaque page? Quel symbole représente le courage pour vous?

Quand as-tu remarqué le courage chez les autres?